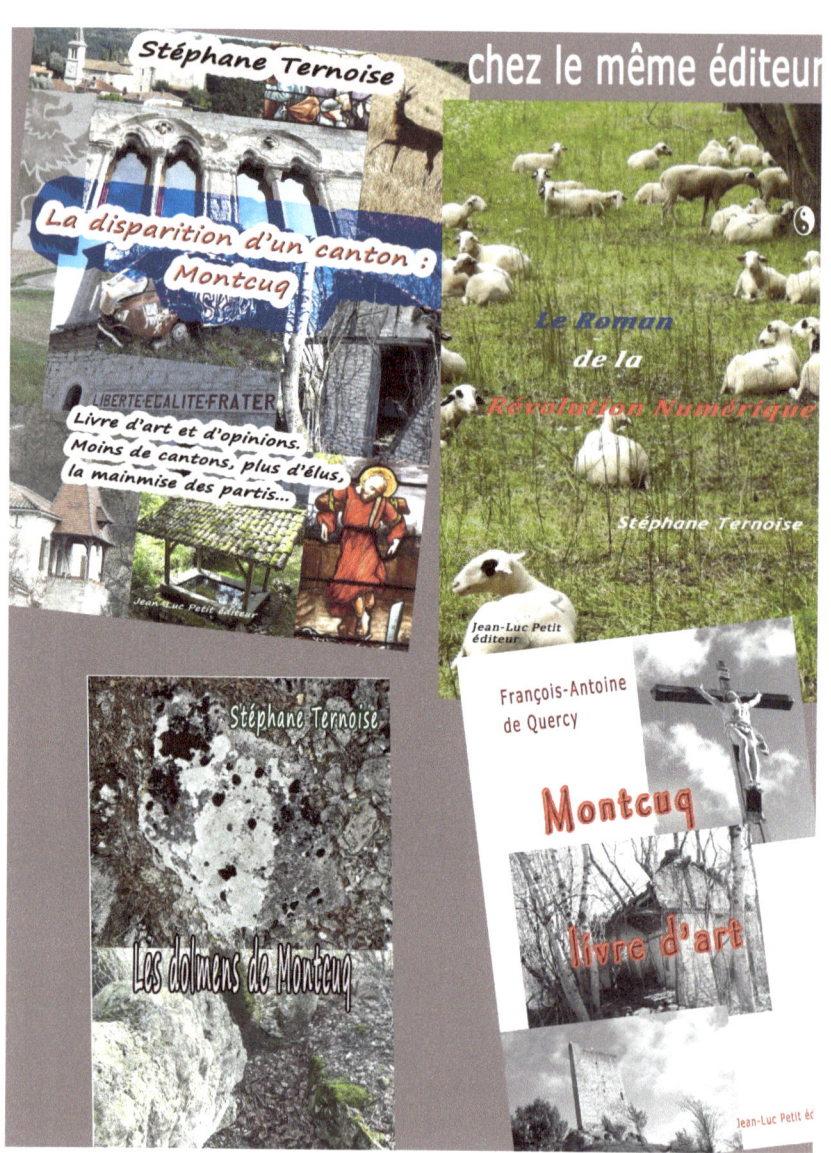

La grange de Montcuq était une chapelle du XIIIe siècle

Le patrimoine lotois et les politiques du patrimoine

Du même auteur*

Certaines œuvres sont connues sous différents titres.

Romans

Le Roman de la révolution numérique
Ils ne sont pas intervenus (Peut-être un roman autobiographique)
La Faute à Souchon
Quand les familles sans toit sont entrées dans les maisons fermées
Liberté j'ignorais tant de Toi
Viré, viré, viré, même viré du Rmi !

Théâtre

Neuf femmes et la star
Les secrets de maître Pierre, notaire de campagne
Ça magouille aux assurances
Chanteur, écrivain : même cirque
Deux sœurs et un contrôle fiscal
Amour, sud et chansons
Pourquoi est-il venu :
Aventures d'écrivains régionaux
Avant les élections présidentielles
Scènes de campagne, scènes du Quercy
Blaise Pascal serait webmaster
Trois femmes et un Amour
J'avais 25 ans
  « Révélations » sur « les apparitions d'Astaffort » Brel Cabrel

Théâtre pour troupes d'enfants

La fille aux 200 doudous
Les filles en profitent
Révélations sur la disparition du père Noël
Le lion l'autruche et le renard,
Mertilou prépare l'été

Photos

Lot, livre d'art
La beauté des éoliennes
Cahors, 42 inscriptions aux Monuments Historiques

* extrait du catalogue, voir page 35

Stéphane Ternoise

La grange de Montcuq était une chapelle du XIIIe siècle

Le patrimoine lotois et les politiques du patrimoine

Sortie numérique : 13 mars 2012

Jean-Luc Petit éditeur

L'éditeur versant lotois :

http://www.lotois.fr

Tout simplement et logiquement !

Tous droits de traduction, de reproduction, d'utilisation, d'interprétation et d'adaptation réservés pour tous pays, pour toutes planètes, pour tous univers.

Site officiel : http://www.ecrivain.pro

© Jean-Luc PETIT - BP 17 - 46800 Montcuq – France

La grange de Montcuq était une chapelle du XIIIe siècle

Le patrimoine lotois et les politiques du patrimoine

En 2011, j'ai photographié une quasi ruine au bord de la D4, en sortant de Montcuq, juste après le pont de la Barguelonnette (rivière), dans le cadre d'un projet sur les vieilles pierres lotoises.

Créateur du portail montcuq.info, je me suis finalement intéressé à la colère de quelques personnalités du canton contre la destruction, début janvier 2012, de la chapelle Saint-Jean de la Rivière.

Quelle ne fut pas ma surprise de reconnaître "ma ruine" dans ce nouveau symbole, datée du XIIIe siècle, ayant même appartenu "*à la commanderie des chevaliers de Saint-Jean de Jérusalem de Vaour*", dixit leur Dépêche du Baylet.

Monsieur Guy Lagarde, maire de Montcuq, successeur de monsieur Daniel Maury toujours Conseil Général et président de l'intercommunalité, semble sur la défensive : aucun bâtiment méritant un intérêt particulier dans le document d'urbanisme local et aucun permis de démolir exigé par la commune.
Une destruction en toute légalité.

Ce qui n'a pas empêché certains de lancer une première pierre au propriétaire !

Réflexions sur la chapelle Saint-Jean de la Rivière de Montcuq mais surtout occasion de s'intéresser aux politiques du patrimoine lotois, aux enjeux essentiels et présenter des photos inédites et significatives.

Stéphane Ternoise
www.montcuq.info

Une ruine très correcte que cette « grange »

Deux saisons. Vous la préférez avec une végétation bien verte ?

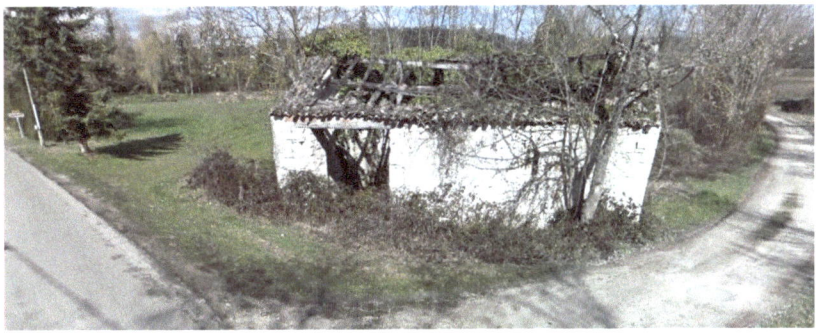

Ce support publicitaire aurait pu être nettement mieux rentabilisé.
J'étais même persuadé qu'un jour cette grange située entre le centre de Montcuq et le lac Saint-Sernin serait restaurée : endroit idéal pour vendre des fruits l'été.

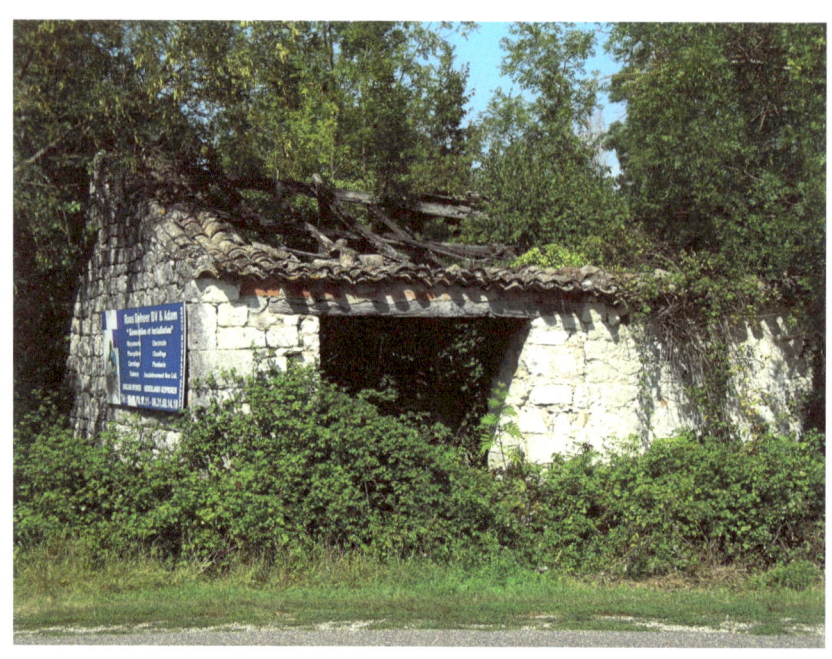

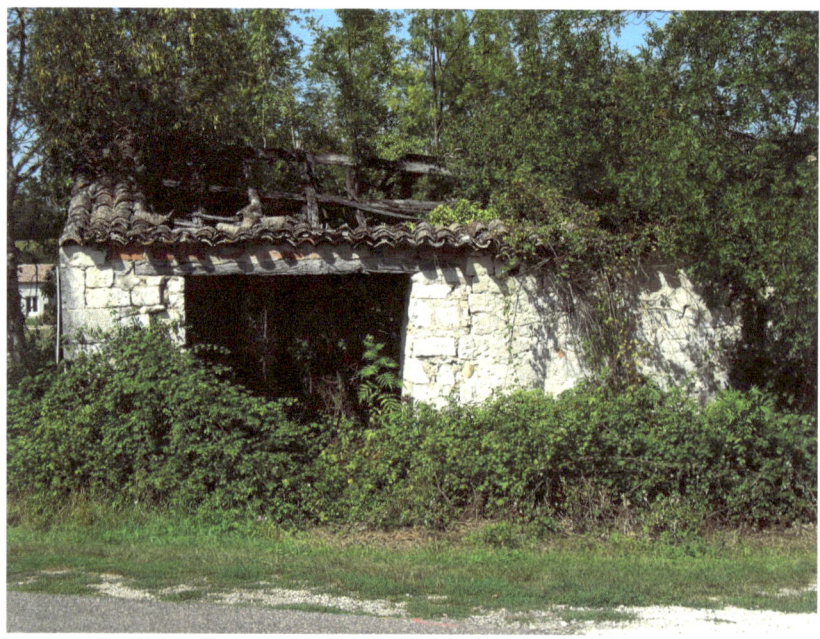

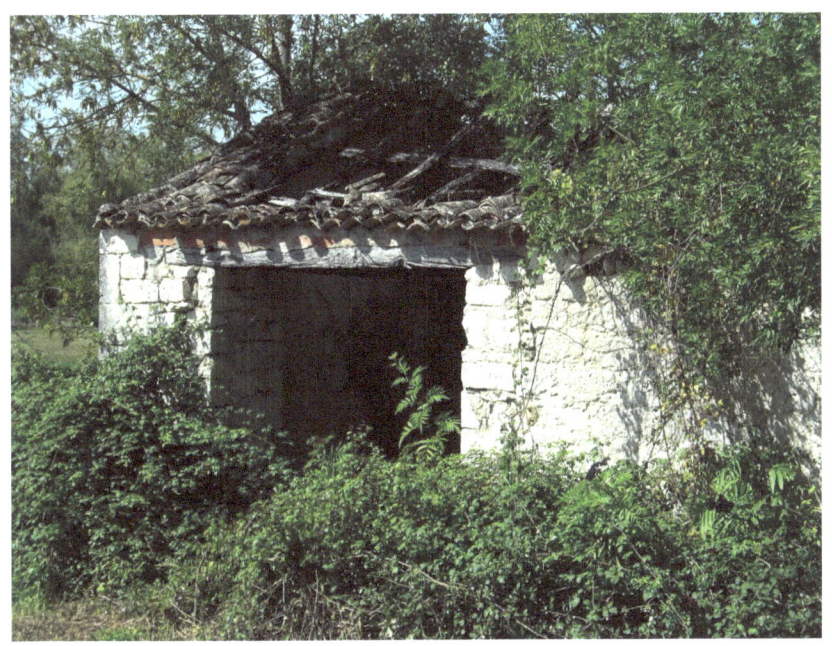

J'aimais ses murs, la poutre du linteau. Je n'ai jamais remarqué le moindre signe religieux. Hormis le toit, dont la réparation ne nécessitait que quelques jours de travail, cette ruine présentait un très bon état général !
Elle fut donc rasée. Pourquoi ? Aucun des éléments présentés par leur *Dépêche* et l'association *Points d'Eau* répertoriée dans le canton de Montcuq à Belmontet, ne donne la réponse.

Dans une lettre à monsieur le Maire, Bernard Souques, Président de la structure associative, note « *Notre Association avait reçu pour mission de rénover cette chapelle, de la part de l'Association maintenant dissoute* « *Les Amis des Eglises Rurales du Quercy Blanc* ».

Ces 2 associations avaient successivement, en vain, proposé au propriétaire le rachat de cette chapelle. »
Il réclame ensuite que « *des sanctions soient prises suite à l'initiative désastreuse du propriétaire.* »

Cette demande peut prêter à sourire : la seule sanction réaliste semble celle des électrices et lecteurs : sanctionner monsieur Guy Lagarde et monsieur Daniel Maury de n'avoir instauré aucun permis de démolir et de n'avoir même pas répertorié un lieu aussi important pour le patrimoine lotois ! Les citoyens pourraient, avant, demander la démission de monsieur Guy Lagarde et monsieur Daniel Maury. Etait-ce la pensée profonde de Monsieur Souques ?

Qu'apporte au dossier l'article « *Montcuq. La destruction de la chapelle fait réagir* » de la *Dépêche du Midi* du 12 février 2012 ? Les éléments concrets, un résumé de l'histoire de cette *chapelle Saint-Jean de la Rivière*, du XIIIe siècle, transformée en grange lors de « *la destruction de l'élévation sud* », puis sans utilité.
Donc, elle a appartenu à la commanderie des chevaliers de Saint-Jean de Jérusalem de Vaour, dont l'existence ne semble guère avoir laissé de vivaces souvenirs, même si le site templiers.net confirme (« *le commandeur possédait à Vaour un château-fort, la seigneurie entière, spirituelle, temporelle et foncière de cette ville et de son territoire, une partie de la dîme de Saint-Pantaléon et de Saint-Michel, des fiefs et des rentes au Frau, à Fontblanque, Saint-Julien, Vayrevigne, Saint-Antonin, Lentin, Louvers, Audillac, Sestayrols. Les*

divers membres de la circonscription étaient : Saint-Martin de Sesquière, au diocèse de Cahors (1/2 dîme et un petit domaine), la Madeleine, près de Penne (seigneurie spirituelle, dîmes), Montricoux (id.), Bioule, au diocèse de Cahors (moitié de la dîme), Saint-Amans (château, seigneurie entière), la moitié des dîmes de Saint-Simon et de Saint-Maurice et enfin la chapelle de Saint-Jean, près de Montcuq, en Quercy) »

Le quotidien confirme que l'association « Points d'eau » « *a écrit au maire de Montcuq, Guy Lagarde, et à tous les maires du canton, pour leur demander d'instituer, par délibération du conseil municipal, un permis de démolir, et de dresser une liste exhaustive des constructions, mêmes privées, présentant un intérêt collectif et historique.* »

Comme données supplémentaires : chapelle « *citée dès 1278 dans des documents d'archives et plusieurs publications en font état.* »
Mais surtout : « « *Points d'eau* » *déplore d'autres situations de ce type dans le canton : destruction de lavoirs publics, défonçage de la voie romaine de Saint-Jean, à Gayrac, par un engin mécanique, démolition de la tour de Ventalay.* »
Ainsi, malgré des précédents, il convient surtout de déplorer l'absence de réaction municipale.

Le 16 février, le maire, toujours dans le quotidien lu à Montcuq (naturellement, je vous rassure, je n'achète pas ce genre de publication, me contentant de visiter la page Internet idoine quand un article peut m'intéresser) :

- Quelles mesures comptez-vous prendre après la destruction de la chapelle Saint-Jean de la Rivière, rasée par son propriétaire ?

- Je regrette ce qui s'est passé. Nous allons en débattre prochainement avec le conseil municipal. Je suis prêt à instituer un permis de démolition et à dresser une liste exhaustive des bâtiments à préserver, au titre du patrimoine local. Nous allons nous rapprocher des Bâtiments de France pour prendre conseil et voir ce qu'il y a lieu de faire en ce sens.

En 2012, le maire de la commune de Montcuq en est encore au stade de la réflexion, générée par une certaine pression !

Comme reconnaissance historique, les documents qui attestent d'un « *vestige d'une grande valeur historique, situé sur le chemin du pèlerinage de COMPOSTELLE* » (termes utilisés par l'association dans sa lettre au propriétaire du terrain) sont rares. Gilles Séraphin et Maurice Scellès, architectes, l'avaient inscrit à leur inventaire du Patrimoine Midi-Pyrénées midipyrenees.fr

Sous le titre chapelle Saint-Jean-de-la-Rivière et les destinations successives et celle actuelle « grange. » Un *édifice non protégé MH* (monuments historiques)
Datation principale : *13e siècle (?)*
Le point d'interrogation est des auteurs.

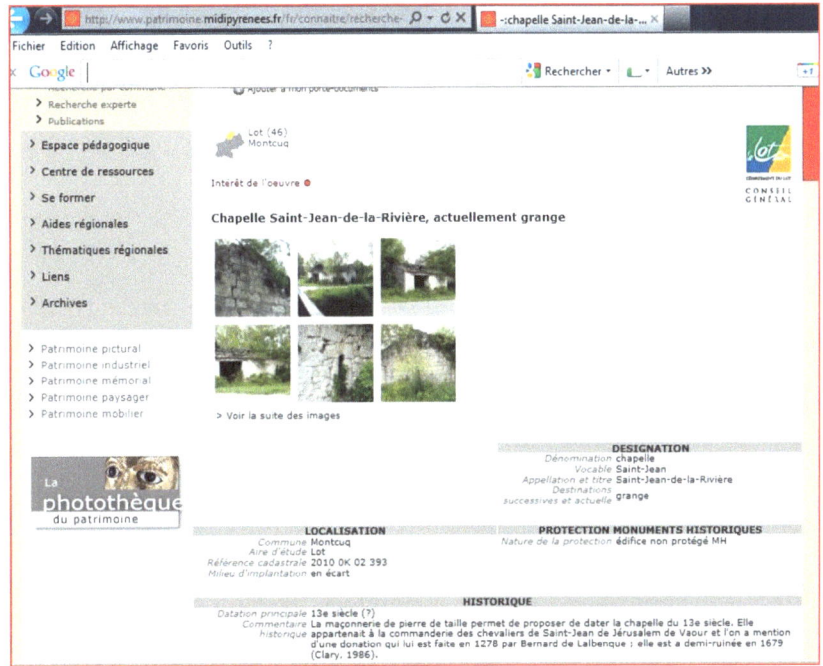

Le commentaire historique : « *la maçonnerie de pierre de taille permet de proposer de dater la chapelle du 13e siècle. Elle appartenait à la commanderie des chevaliers de Saint-Jean de Jérusalem de Vaour et l'on a mention d'une donation qui lui est faite en 1278 par Bernard de Lalbenque ; elle est a demi-ruinée en 1679.* » *(Clary, 1986)*

Les matériaux utilisés sont visibles sur les photos : calcaire ; pierre de taille ; moellon.

Le commentaire : « *D'apparence aujourd'hui très modeste, la chapelle médiévale est cependant construite en pierre de taille ; la fenêtre d'axe, couverte d'un linteau délardé en plein cintre, est conservée dans l'élévation est. L'élévation sud a été en partie détruite par le portail créé lors de la transformation de la chapelle en grange ; la petite*

fenêtre voisine, couverte d'un linteau délardé en plein cintre, a probablement été remontée. La chapelle, qui était sans doute couverte d'une simple charpente, présentait un volume unique sur un plan rectangulaire. »
Les auteurs notent en bibliographie le *Dictionnaire des paroisses du diocèse de Cahors* de l'Abbé Clary.

L'association *Points d'eau* fournit sur son site un document PDF reprenant les réponses reçues.

Françoise Delmond, des « Bâtiments de France », répond sur l'impossibilité de former un quelconque recours. Et conclue :

« *En revanche, une action de votre association à l'aide des médias -la Depêche- par exemple aurait une portée sans nul doute plus forte auprès du grand public, et incitative auprès des pouvoirs publics concernés.*
Vous pouvez ainsi pointer cette démolition comme un acte répréhensible qui aurait dû être évité par la mise en oeuvre des dispositifs de protection mis à la disposition des collectivités, et qu'il n'est pas trop tard pour éviter d'autres cas similaires. Ainsi avant d'arriver à sanctionner un acte définitif, on pourra le prévenir en utilisant les outils mis à disposition... à condition de les utiliser. »

Si faute il y a, elle est bien de la mairie. L'association en est sûrement pleinement consciente, elle qui écrivit à Monsieur le Directeur Départemental des Territoires, 127 Quai Cavaignac à CAHORS : « *Nous vous serions reconnaissants de nous faire savoir quelles dispositions vous envisagez de prendre à l'égard du propriétaire peu soucieux du patrimoine et à l'égard des instances municipales qui n'ont pas mis en place les dispositifs de protection nécessaires, prévus par la loi, pour éviter que cette situation, dommageable pour la collectivité et les générations futures, ne puisse se reproduire. »*

Alors, un jour les élus seront placés devant les conséquences de leurs actes ? Manque d'intérêt pour le patrimoine, finalement « peu rentable » ? Surtout comparé à la notoriété qu'une petite commune peut acquérir en acceptant de participer à la prospérité d'une société l'utilisant pour promouvoir son Monopoly ?

Le terrain aujourd'hui

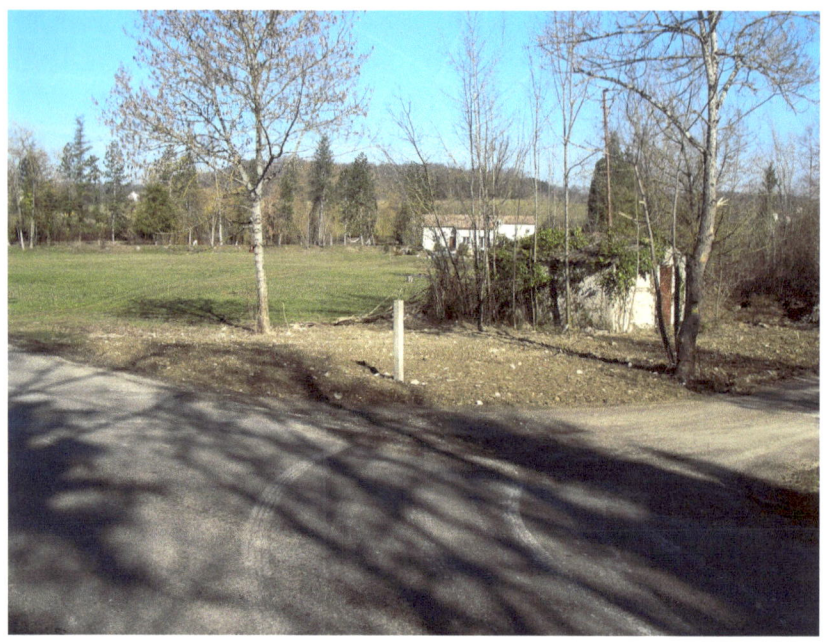

Non, il n'est pas totalement vide. A côté de « la chapelle » un autre bâtiment existait. Il n'a sûrement aucune valeur historique !
Comme nous nous situons au bord de la Barguelonnette, une petite descente sous le pont s'impose ?
Non, l'eau qui passe sous ce pont n'est pas plus importante que les vieilles pierres disparues ?

Imaginez les ouvriers à l'œuvre pour construire cette chapelle avec ses belles pierres d'angle, vous pensez qu'ils ont emporté des bouteilles d'eau du centre commercial ? Le chantier, en ce 13ème siècle, offre un grand avantage : il suffit de se baisser, prendre de l'eau dans les mains jointes, pour se désaltérer. Je n'ai pas osé ce geste ancestral. Eau

non potable. Quelle horreur cette expression ! Un jour des maires seront poursuivis pour avoir laissé la pollution gagner ? Nitrates, pesticides, on ne s'oppose pas aux électeurs quand on souhaite récolter leurs suffrages ?
Je suis donc simplement descendu pour voir l'eau couler.

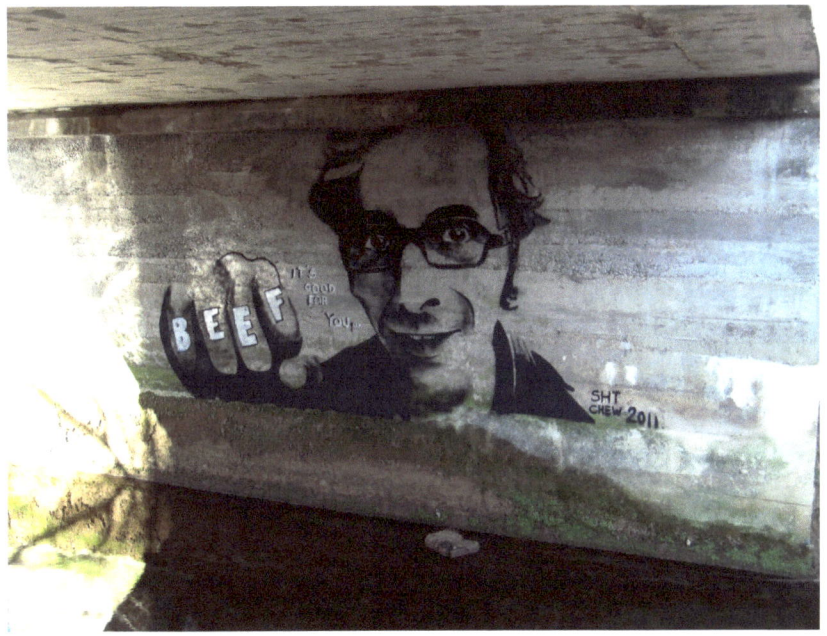

Sous le pont, un « graffiti » de 2011. Un jour il sera considéré comme une œuvre majeure de ce quartier Saint Jean ?

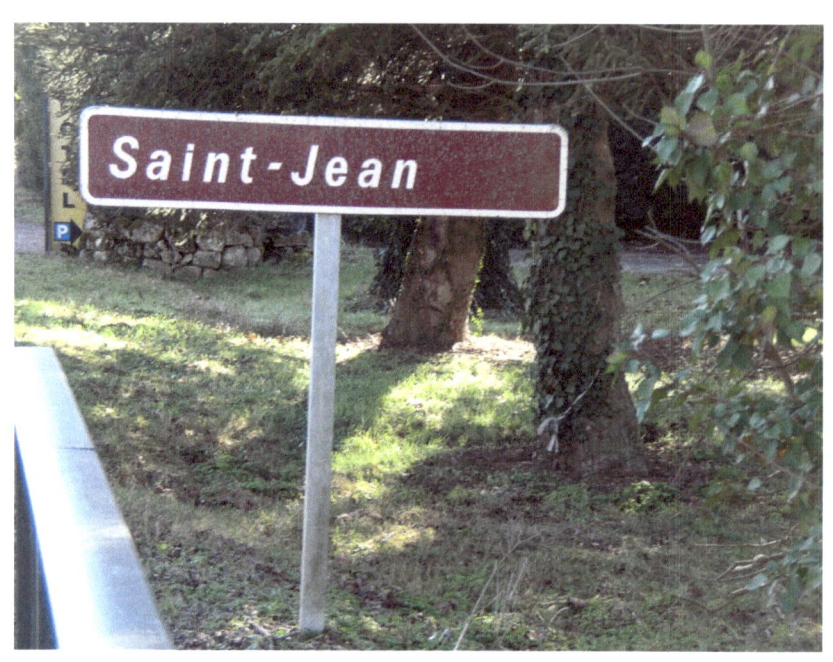

La Barguelonnette

Je suis sous le pont...

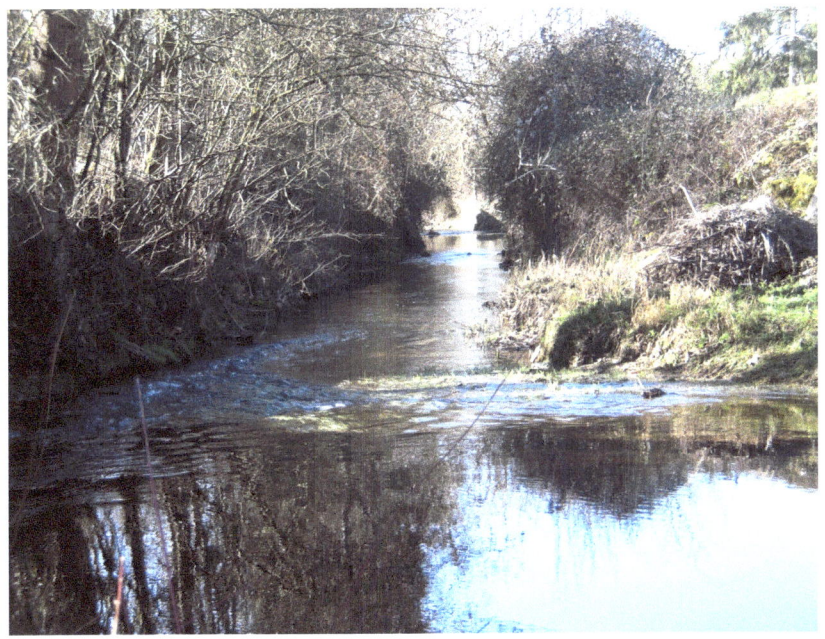

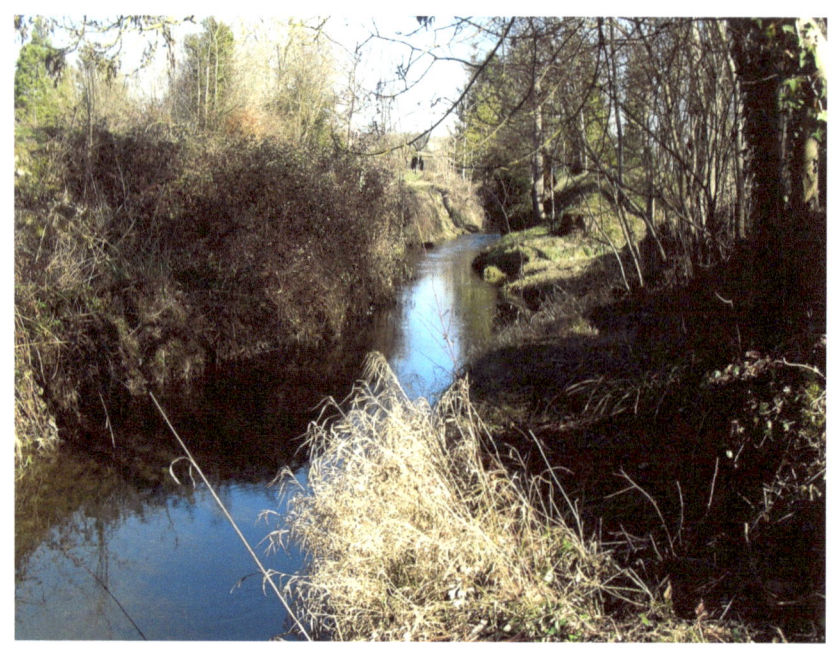

Une vue du pont, en regardant en direction de la source de la Barguelonnette...

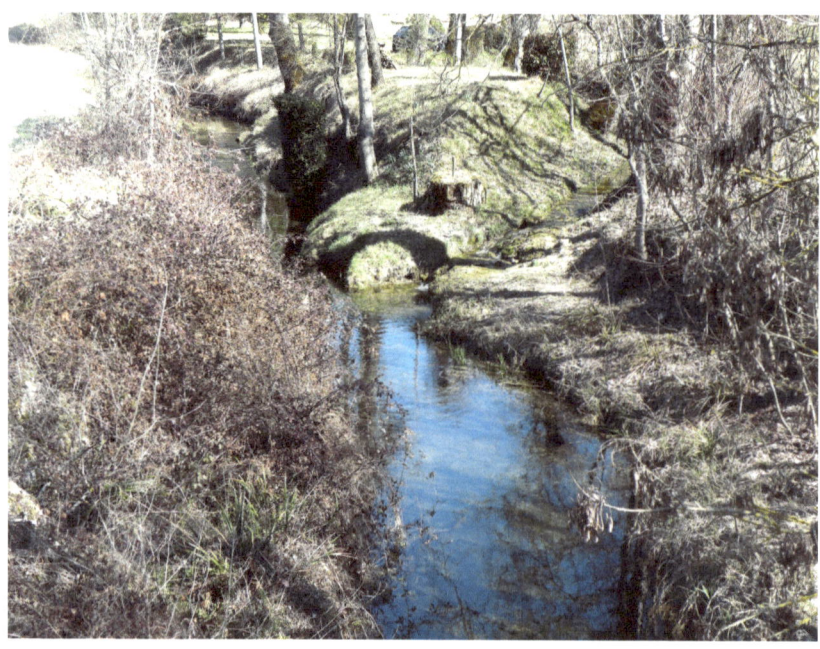

Alors j'ai marché le long de la Barguelonnette, pour rejoindre la D653 menant à Lauzerte.

La Barguelonnette aussi appelée *Petite Barguelonne* est une rivière de 38 kilomètres, prenant sa source à Villesèque.

Elle se jette dans la Barguelonne, dont elle est le principal affluent, à Montesquieu.

La Barguelonnette est un danger public ! Elle déborde rarement mais trois de ses crues restent mémorables : 1960, décembre 1981 et janvier 1996, où elle atteint 5 mètres à Montcuq après avoir submergé le village de Saint-Daunès.

Après Villesèque, la Barguelonnette passe à Saint-Pantaléon, Saint-Daunès puis Montcuq où s'arrête son voyage lotois et elle continue naturellement en Tarn-et-Garonne, à Lauzerte, Montagudet, Saint-Amans-de-Pellagal, Miramont-de-Quercy et finalement Montesquieu.

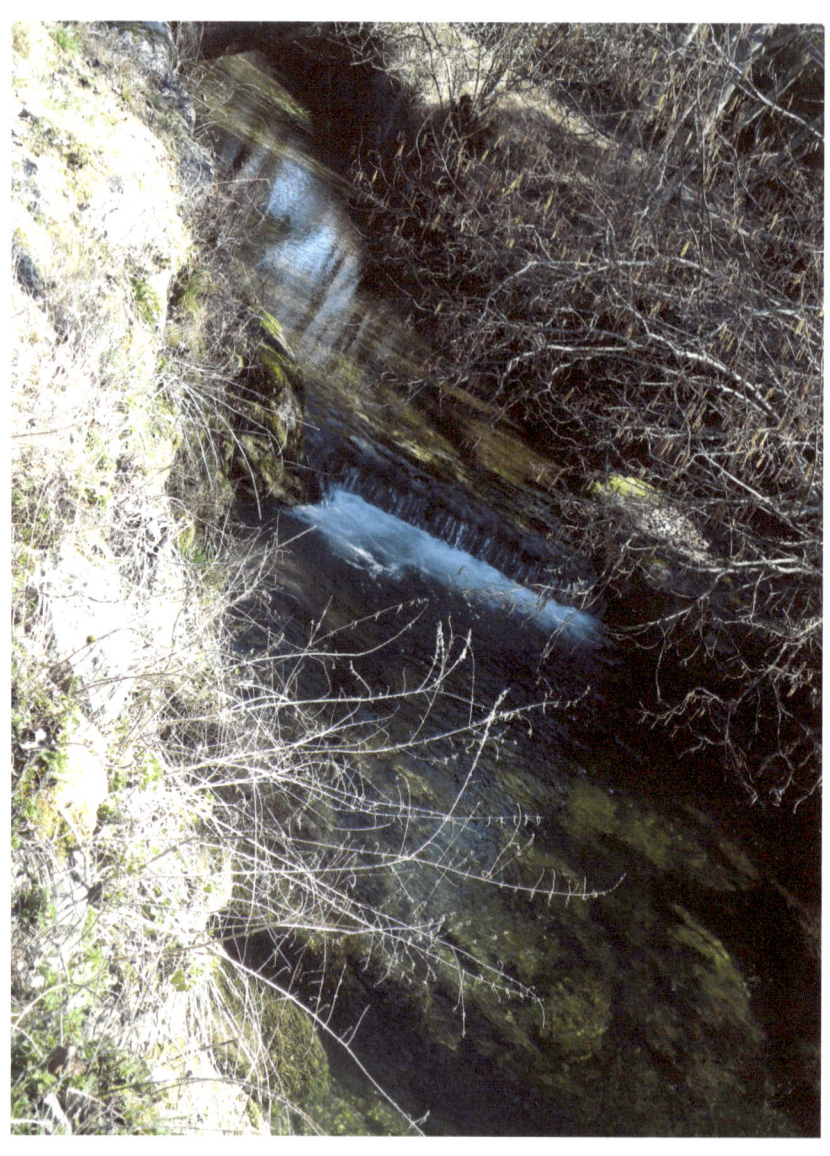

Après quelques centaines de mètres, le plus souvent sur la route goudronnée ou dans les champs, faute de pouvoir marcher le long de la rivière : une ruine...

Oh ! La belle ruine. Elle n'a sûrement aucune histoire religieuse, ses murs sont moins épais que « la chapelle » mais les restes témoignent d'une magnifique étable à colombages. La restaurer pour venir de temps à autre s'installer au bord de la Barguelonne me plairait ! Vous aussi ?

Je continue… parvenant à avancer entre les buis, à gauche la rivière, à une droite une marre.

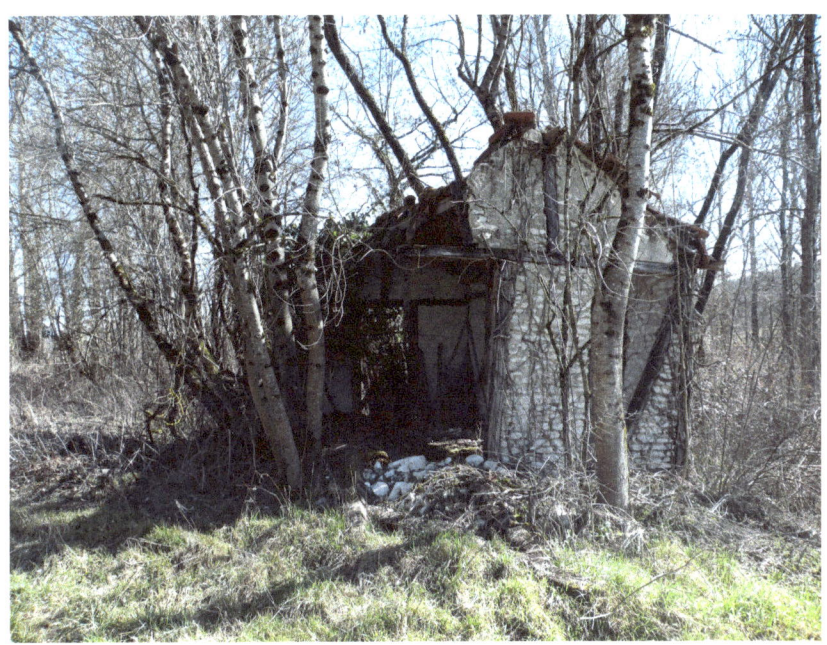

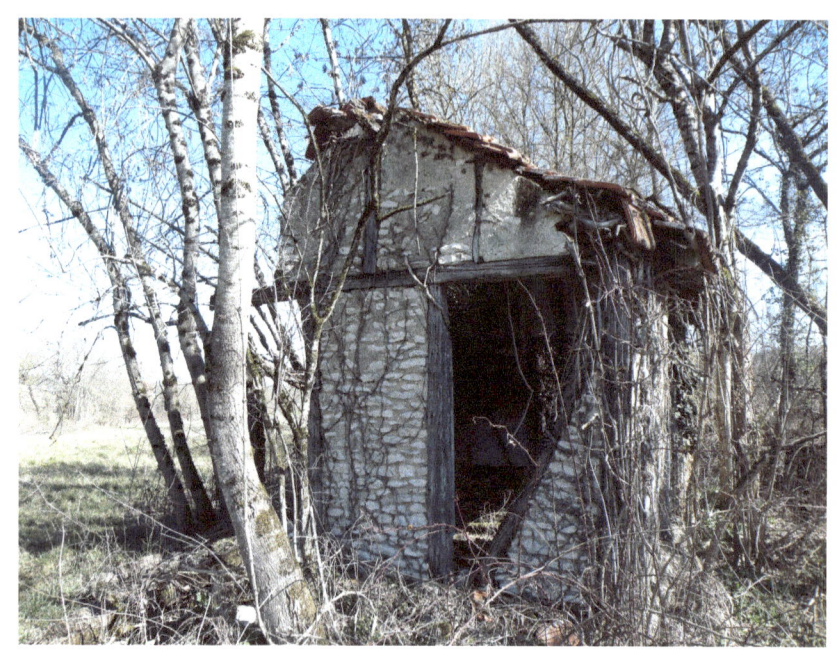

Et soudain... un pont !

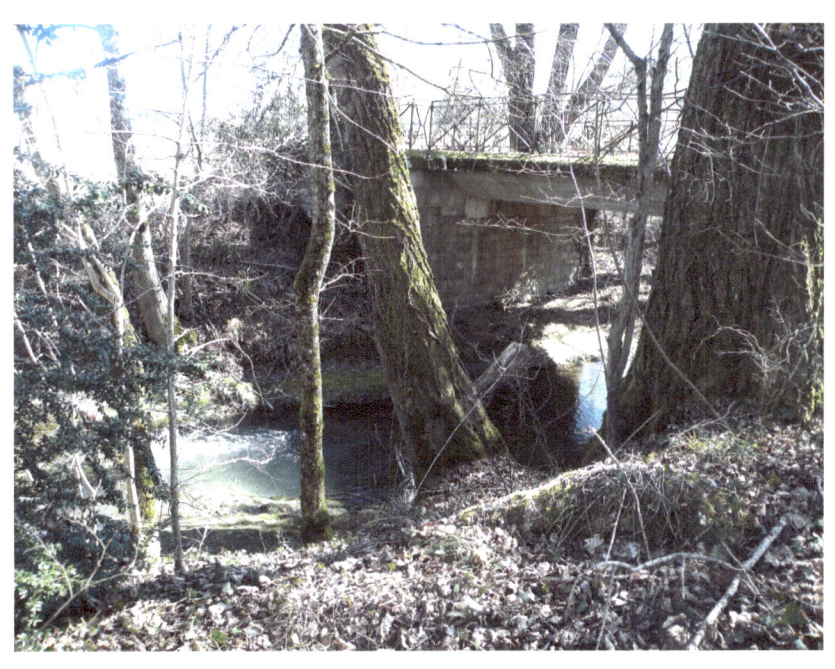

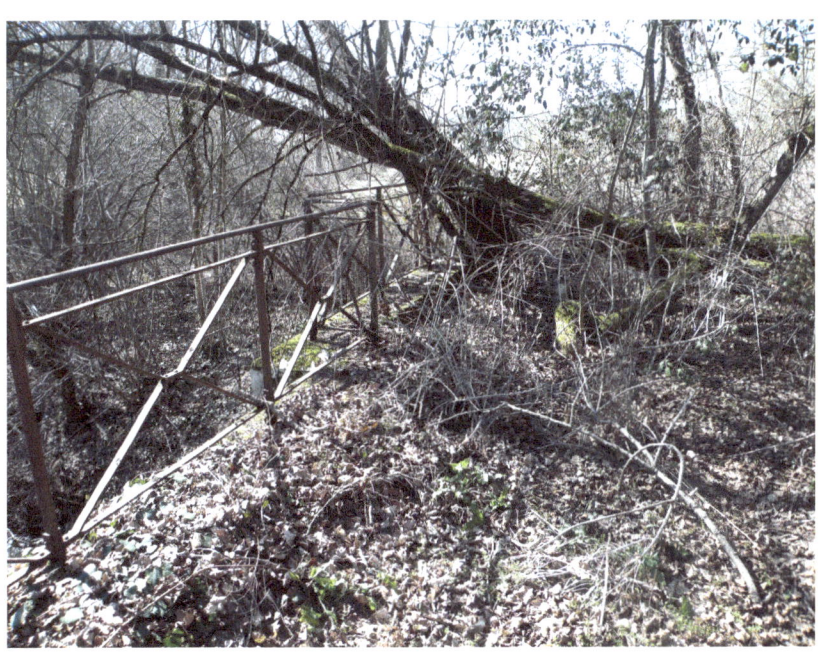

Oui, un vrai grand pont abandonné, où la nature gagne, ayant déjà emporté, en sacrifiant l'un de ses arbres, une partie de la balustrade. Longer la Barguelonnette redevient impossible, il me faut couper pour rejoindre la D653 et la retrouver juste avant le pont. Un haut mur témoigne du travail humain pour dompter ses crues…

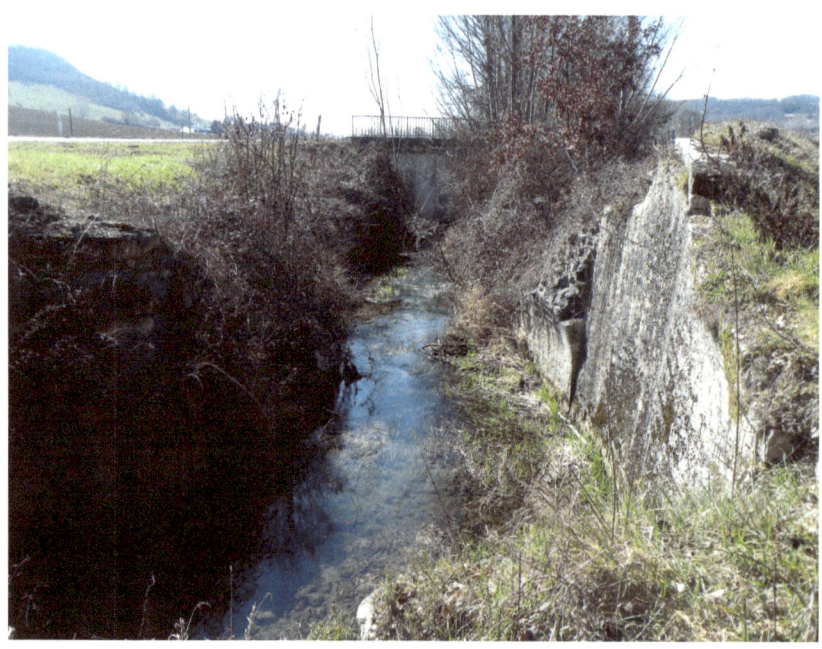

L'intérêt collectif et historique de constructions, mêmes privées

Avez-vous retenu le passage « *des constructions, mêmes privées, présentant un intérêt collectif et historique* » ?

L'argent arrive quand il s'agit d'édifices religieux. On a même vu dans le canton une mairie ajouter une croix à une église en puisant dans le budget municipal… alors qu'instaurer un périmètre de protection des sources ne fut jamais une nécessité. Ainsi nitrates et pesticides ont fini par gagner, l'eau municipale a fermé et la Saur a étendu son influence… L'intérêt collectif premier, n'est-ce pas l'eau ? Tellement de constructions témoignent de ce besoin millénaire de conserver, guider, utiliser, l'eau. Certes, de nombreux ruisseaux sont désormais asséchés.

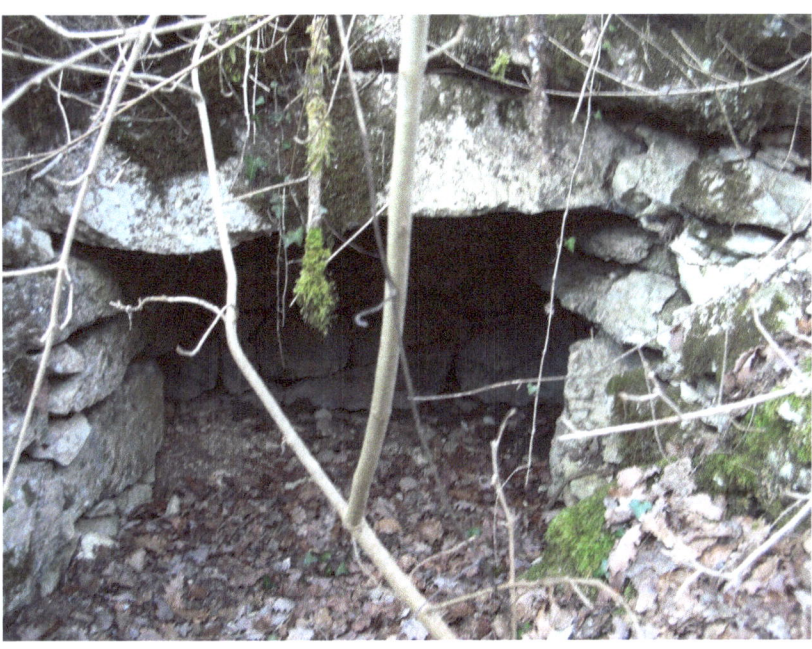

Il ne s'agit nullement de l'entrée d'une grotte mais du pont d'un ruisseau asséché.

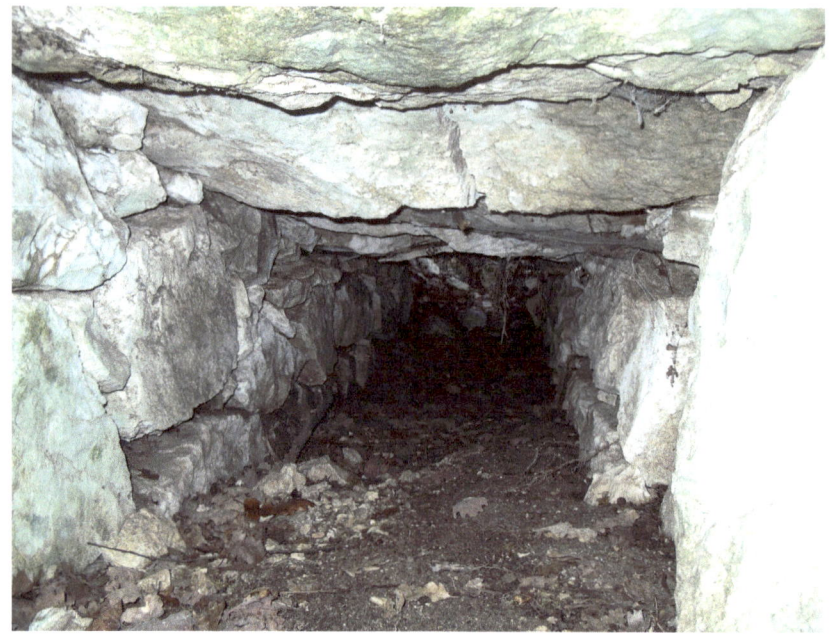

L'eau arrive à ce lavoir. Mais qui oserait la boire ?

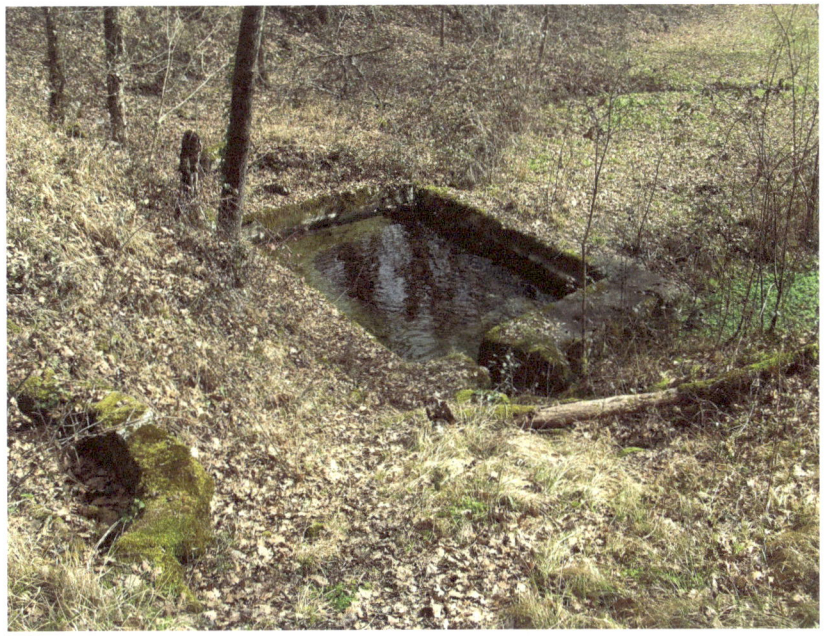

Entretenir ce point d'eau ?

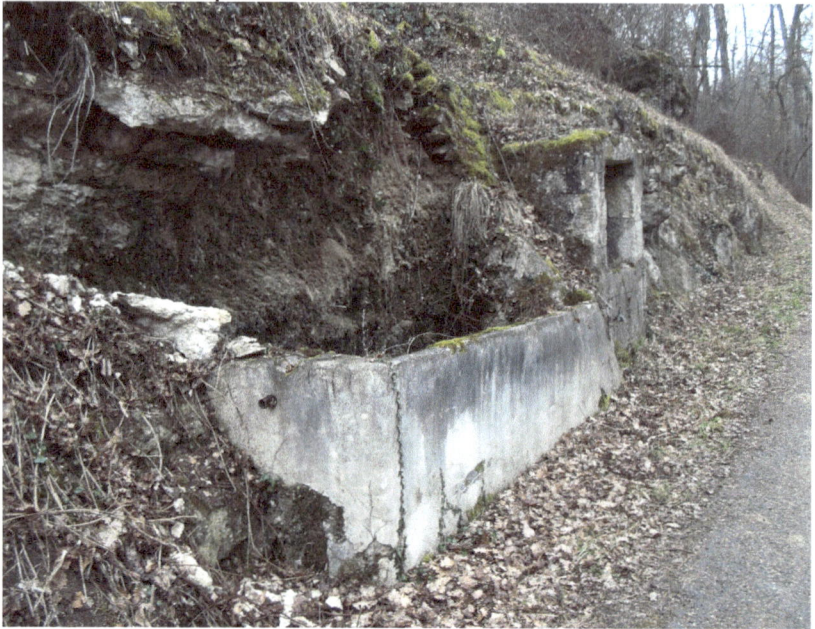

De l'eau à la fontaine mais uniquement des feuilles dans le bac.

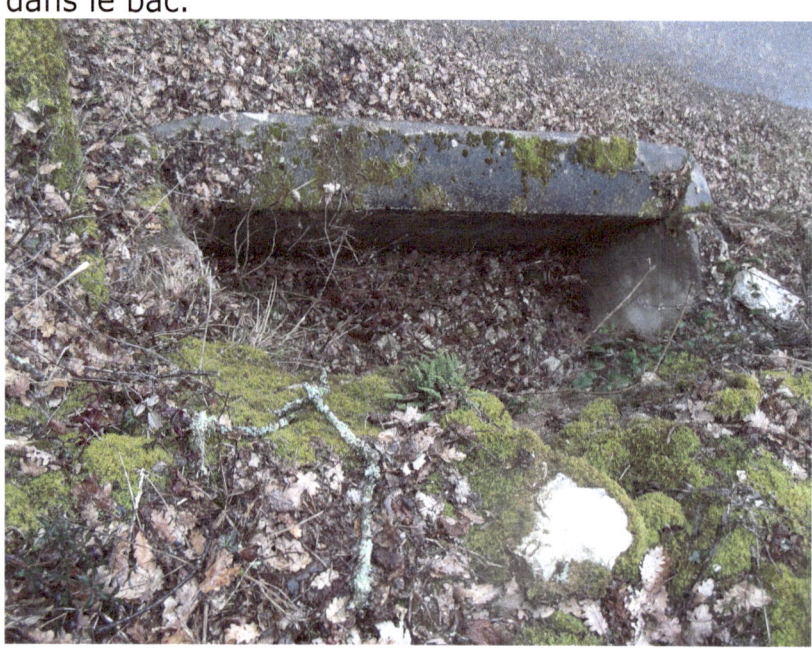

Une gariotte, est-ce un patrimoine ? Ou est-ce une occupation inutile d'un espace plus utile pour semer du blé ?

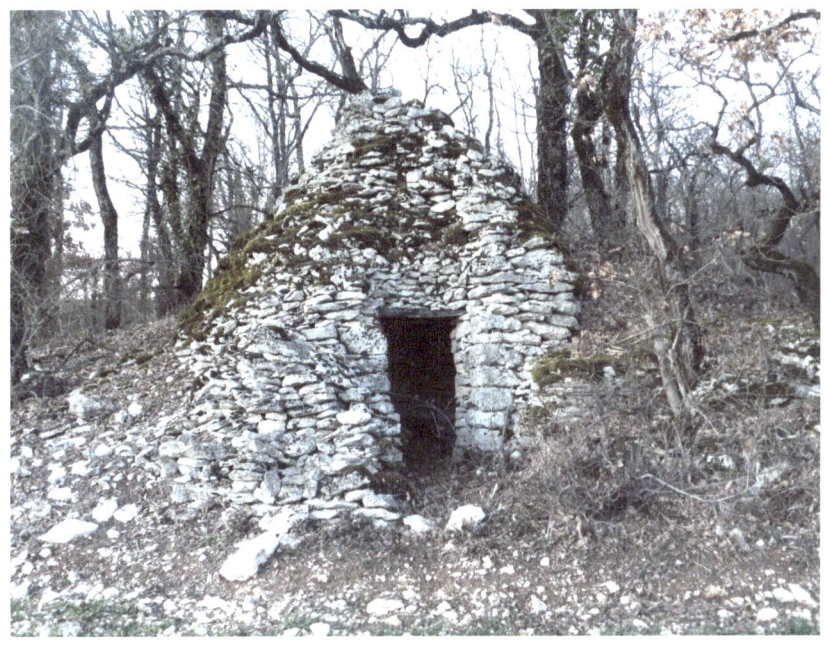

La gariotte, ou cazelle, ou cabane (une borie en Provence), témoigne d'un art populaire, quand au XIXe siècle les valeureux ont épierré de nouvelles parcelles à cultiver pour suivre l'essor démographique. Ils se sont alors lancés dans ces petites construction en pierre sèche (sans mortier), de forme circulaire et à toit conique. Des abris, remises à outils.

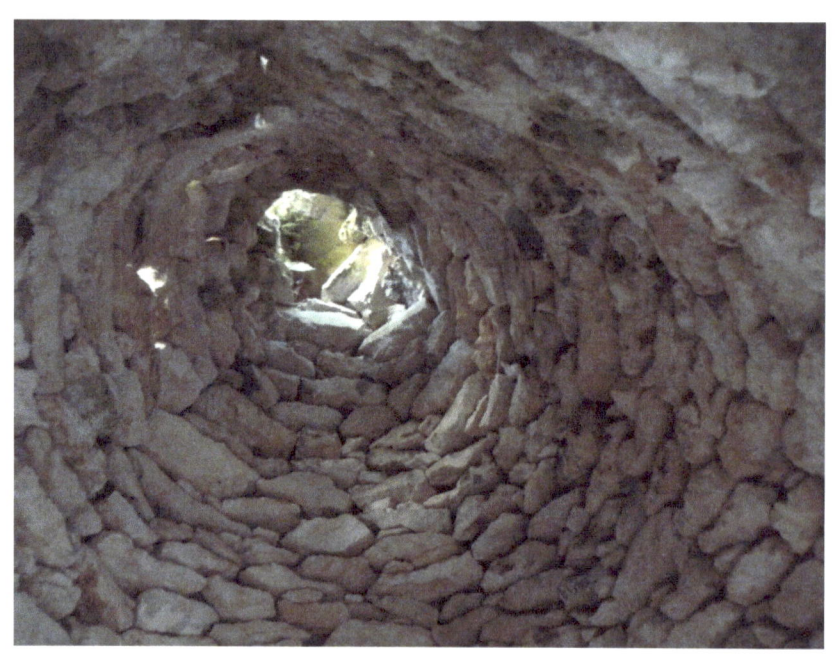

Auteur

À 25 ans, Stéphane Ternoise a quitté le confortable statut de cadre en informatique (qui plus est dans le douillet secteur des assurances), pour se confronter à son époque, essayer de vivre de sa plume en toute indépendance. Il redoutait de finir pantin d'un grand groupe où même les maisons historiques peuvent se retrouver avec Jean-Marie Messier ou Arnaud Lagardère comme grand patron. Stéphane Ternoise est auteur-éditeur depuis 1991, devenu spécialiste de l'auto-édition professionnelle en France. Il créa « logiquement » http://www.auto-edition.com en l'an 2000, une activité alors quasi absente du web !
Son éclairage sur l'univers de l'édition française a rapidement suscité quelques difficultés, dont une assignation au Tribunal de Grande Instance de Paris, en juin 2007, par une société pratiquant le compte d'auteur, finalement déboutée en septembre 2009.

Dans un relatif anonymat, avant la Révolution Numérique, l'auteur lotois a néanmoins réussi à publier 14 livres en papier, à continuer en vivant de peu. Depuis 2005, ses livres étaient également en vente, marginale, en version numérique. Il s'agissait d'abord de simples PDF.
L'auteur-éditeur a consacré l'année 2011 à la réalisation de son catalogue numérique, publiant ainsi ses pièces de théâtre, sketchs et textes de chansons en plus des romans, essais et recueils adaptés aux formats epub et Mobipocket Kindle...

La multiplication des questions et l'information approximative balancée sur de nombreux blogs par de néo-spécialistes de l'auto-édition autopublication, l'ont décidé à écrire sur cette révolution de l'ebook. Le guide l'auto-édition numérique est ainsi devenu son web best-seller !

Depuis octobre 2013, et son « identifiant fiscal aux États-Unis », son catalogue papier tend à rattraper celui en pixels.
Il convient donc de nouveau d'aborder l'auteur sous le biais de l'œuvre. Ainsi, pour vous y retrouver, http://www.ecrivain.pro essaye de fournir une vue globale. Et chaque domaine bénéficie de sites au nom approprié :

http://www.romancier.org
http://www.parolier.org

http://www.essayiste.net

http://www.dramaturge.fr
http://www.lotois.fr

Vous pouvez légitimement vous demander pourquoi un auteur avec un tel catalogue ne bénéficie d'aucune visibilité dans les médias traditionnels. L'écriture est une chose, se faire des amis utiles une autre !

Catalogue

Romans : (http://www.romancier.org)
Le Roman de la révolution numérique également sous le titre *Un Amour béton*
Ils ne sont pas intervenus (le livre des conséquences) également sous le titre *Peut-être un roman autobiographique*
La Faute à Souchon ? également sous le titre *Le roman du show-biz et de la sagesse (Même les dolmens se brisent)*
Liberté, j'ignorais tant de Toi également sous le titre *Libertés d'avant l'an 2000*
Viré, viré, viré, même viré du Rmi
Quand les familles sans toit sont entrées dans les maisons fermées

Edition (http://www.auto-edition.com)
Le guide de l'auto-édition, papier et numérique
Le manifeste de l'auto-édition - Manifeste politico-littéraire pour la reconnaissance des écrivains indépendants et une saine concurrence entre les différentes formes d'édition
Écrivains, réveillez-vous ! - La loi 2012-287 du 1er mars 2012 et autres somnifères
Le livre numérique, fils de l'auto-édition
Réponses à monsieur Frédéric Beigbeder au sujet du Livre Numérique (Écrivains= moutons tondus ?)
Comment devenir écrivain ? Être écrivain ? (Écrire est-ce un vrai métier ? Une vocation ? Quelle formation ?...)
Copie privée, droit de prêt en bibliothèque : vous payez, nous ne touchons pas un centime - Quand la France organise la marginalisation des écrivains indépendants
Alertez Jack-Alain Léger !

Théâtre : (http://www.dramaturge.fr)
La baguette magique et les philosophes
Neuf femmes et la star
Avant les élections présidentielles
Les secrets de maître Pierre, notaire de campagne
Deux sœurs et un contrôle fiscal
Ça magouille aux assurances
Pourquoi est-il venu ?

Amour, sud et chansons
Blaise Pascal serait webmaster
Aventures d'écrivains régionaux
Trois femmes et un amour
Chanteur, écrivain : même cirque
« Révélations » sur « les apparitions d'Astaffort » Brel / Cabrel (les secrets de la grotte Mariette)
J'avais 25 ans

Pour troupes d'enfants :
Les filles en profitent
Révélations sur la disparition du père Noël
Le lion l'autruche et le renard
Mertilou prépare l'été
Nous n'irons plus au restaurant
Recueils :
Théâtre peut-être complet
La fille aux 200 doudous et autres pièces de théâtre pour enfants
Théâtre pour femmes

Chansons : (http://www.parolier.info)
Chansons trop éloignées des normes industrielles
Chansons vertes et autres textes engagés
Parodies de chansons - De Renaud à Cabrel En passant par Cloclo et Jacques Brel
Chansons d'avant l'an 2000
Vivre Autrement (après les ruines), l'album invisible...

Photos : (http://www.france.wf)
Cahors, 42 inscriptions aux Monuments Historiques
La disparition d'un canton : Montcuq
Montcuq, le village lotois
Cahors, des pierres et des hommes. Photos et commentaires
Limogne-en-Quercy Calvignac la route des dolmens et gariottes
Saint-Cirq-Lapopie, le plus beau village de France ?
Saillac village du Lot
Limogne-en-Quercy cinq monuments historiques cinq dolmens
Beauregard, Dolmens Gariottes Château de Marsa et autres merveilles lotoises

Villeneuve-sur-Lot, des monuments historiques, un salon du livre... - Photos, histoires et opinions
Henri Martin du musée Henri-Martin de Cahors - Avec visite de Labastide-du-Vert et Saint-Cirq-Lapopie sur les traces du peintre
L'église romane de Rouillac à Montcuq et sa voisine oubliée, à découvrir - Les fresques de Rouillac, Touffailles et Saint-Félix
Cajarc selon Ternoise

Livres d'artiste (http://www.quercy.pro)
Quercy : l'harmonie du hasard
Lot, livre d'art
Montcuq, livre d'art
Quercy Blanc, livre d'art
Montaigu de Quercy, livre d'art
Quercy : l'harmonie du hasard
La beauté des éoliennes
Golfech, c'est beau un village prospère à l'ombre d'une centrale nucléaire
Jésus, du Quercy

Essais (http://www.essayiste.net)
Ya basta Aurélie Filippetti !
Amour - état du sentiment et perspectives
Contrairement à Gérard Depardieu, dois-je quitter la France ?
Cahors, municipales 2014 : un enjeu départemental majeur
Quand Martin Malvy publie un livre : questions de déontologie

Politique : (http://www.commentaire.info)
Ce François Hollande qui peut encore gagner le 6 mai 2012 ne le mérite pas
Nicolas Sarkozy : sketchs et Parodies de chansons
Bernadette et Jacques Chirac vus du Lot - Chansons théâtre textes lotois
Affaire Ségolène Royal - Olivier Falorni Ce qu'il faut en retenir pour l'Histoire - Un écrivain engagé, un observateur indépendant
François Fillon, persuadé qu'il aurait battu François Hollande en 2012, qu'il le battra en 2017

Notre vie (http://www.morts.info)
La trahison des morts : les concessions à perpétuité discrètement récupérées - Cahors, à l'ombre des remparts médiévaux, les vieux morts doivent laisser la place aux jeunes...
Cahors : Adèle et Marie Borie contre Jean-Marc Vayssouze-Faure - Appel à une mobilisation locale et nationale pour sauver les soeurs Borie...

Jeux de société

http://www.lejeudespistescyclables.com
La France des pistes cyclables - Fabriquer un jeu de société pour enfants de 8 à 108 ans
Le bon chemin pour Saint-Jacques-de-Compostelle

Divers :

La disparition du père Noël et autres contes
J'écris aussi des sketchs
Vive les poules municipales... et les poulets municipaux - Réduire le volume des déchets alimentaires et manger des oeufs de qualité
Le Martyr et Saint du 11 septembre : Jean-Gabriel Perboyre

En chti : (http://www.chti.es)
Canchons et cafougnettes (Ternoise chti)
Elle tiote aux deux chints doudous (théâtre)

Œuvres traduites (http://www.traducteurs.net)
La fille aux 200 doudous :
- *The Teddy (Bear) Whisperer* (Kate-Marie Glover)
- Das Mädchen mit den 200 Schmusetieren (Jeanne Meurtin)

- Le lion l'autruche et le renard :
- How the fox got his cunning (Kate-Marie Glover)

- Mertilou prépare l'été :
- The Blackbird's Secret (Kate-Marie Glover)

- *La fille aux 200 doudous et autres pièces de théâtre pour enfants (les 6 pièces)*
- La niña de los 200 peluches y otras obras de teatro para niños (María del Carmen Pulido Cortijo)

Chansons - Cds :
(http://www.chansons.org)

Vivre Autrement (après les ruines)
Savoirs
CD Sarkozy selon Ternoise (parodies de chansons, 2006)

Mentions légales

Tous droits de traduction, de reproduction, d'utilisation, d'interprétation et d'adaptation réservés pour tous pays, pour toutes planètes, pour tous univers.

Site officiel : http://www.ecrivain.pro

Dépôt légal à la publication au format ebook du 13 mars 2012.

Imprimé par CreateSpace, An Amazon.com Company pour le compte de l'auteur-éditeur indépendant **livrepapier.com**.

ISBN 978-2-36541-613-9
EAN 9782365416139

La grange de Montcuq était une chapelle du XIIIe siècle - Le patrimoine lotois et les politiques du patrimoine de Stéphane Ternoise
© Jean-Luc PETIT - BP 17 - 46800 Montcuq - France

www.ingramcontent.com/pod-product-compliance
Lightning Source LLC
Chambersburg PA
CBHW040251220526
45473CB00001B/442